BEI GRIN MACHT SICH IHR WISSEN BEZAHLT

- Wir veröffentlichen Ihre Hausarbeit, Bachelor- und Masterarbeit

- Ihr eigenes eBook und Buch - weltweit in allen wichtigen Shops

- Verdienen Sie an jedem Verkauf

Jetzt bei www.GRIN.com hochladen und kostenlos publizieren

Matthias Gutt

Entwicklung einer Benutzeroberfläche zur touchscreen-gesteuerten Patientendokumentation

GRIN Verlag

Bibliografische Information der Deutschen Nationalbibliothek:

Die Deutsche Bibliothek verzeichnet diese Publikation in der Deutschen National-
bibliografie; detaillierte bibliografische Daten sind im Internet über http://dnb.d-
nb.de/ abrufbar.

Impressum:

Copyright © 2006 GRIN Verlag GmbH
Druck und Bindung: Books on Demand GmbH, Norderstedt Germany
ISBN: 978-3-656-73539-7

Dieses Buch bei GRIN:

http://www.grin.com/de/e-book/279115/entwicklung-einer-benutzeroberflaeche-
zur-touchscreengesteuerten-patientendokumentation

GRIN - Your knowledge has value

Der GRIN Verlag publiziert seit 1998 wissenschaftliche Arbeiten von Studenten, Hochschullehrern und anderen Akademikern als eBook und gedrucktes Buch. Die Verlagswebsite www.grin.com ist die ideale Plattform zur Veröffentlichung von Hausarbeiten, Abschlussarbeiten, wissenschaftlichen Aufsätzen, Dissertationen und Fachbüchern.

Besuchen Sie uns im Internet:

http://www.grin.com/

http://www.facebook.com/grincom

http://www.twitter.com/grin_com

Projektarbeit

im Rahmen der Prüfung zum

„Fachinformatiker – Anwendungsentwicklung –"

Thema der Projektarbeit:

„Entwicklung einer Benutzeroberfläche zur touchscreengesteuerten Patientendokumentation"

vorgelegt von: Matthias Gutt

Abgabe: 09.05.2006 an die Industrie- und Handelskammer Lüneburg-Wolfsburg

Inhaltsverzeichnis

1 Projektumfeld

Das IT-Dienstleistungsunternehmen wurde 1991 mit der Zielsetzung gegründet, Unternehmen im EDV-Bereich ein kompetenter Partner für qualifizierten Service zu sein.

Das Leistungsspektrum der GmbH erstreckt sich dabei auf folgende Geschäftsfelder:

- Web-design
- Software-Entwicklung
- Prozess-Management:
  - ERP (Enterprise Resource Planning),
  - CRM (Customer Relationship Management)
  - DMS (Dokumenten-Management-Systeme)
- Netzwerkinstallation und –wartung
- Hard- und Softwarevertrieb und -support
- Telekommunikation, Beleuchtung, Alarm- und Sicherheitssysteme

2 Beschreibung und Durchführung des Projektes

2.1 Ist-Analyse

2.1.1 Voraussetzungen beim Kunden

Beim Kunden, einer mittelgroßen Gemeinschaftspraxis, waren folgende Voraussetzungen zu berücksichtigen. Viele EDV-gestützte Arbeiten werden mittels einer Patienten-verwaltungssoftware durchgeführt. Diese Software ermöglicht u. a. die Anlage und Verwaltung von Patientenstammdaten, das Einlesen von Versicherungs-karten, die Verwaltung von Laborbefunden und ähnlichen medizinischen Daten, die 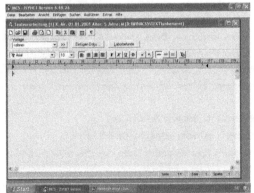 Verarbeitung von Arztbriefen, die Erstellung von Rechnungen, Rezepten und Arbeitsunfähigkeitsbescheinigungen sowie das Verfassen von Patientenbefunden zur medizinischen Dokumentation. Während die Patientenverwaltungssoftware auf den einzelnen Arbeitsplatzrechnern installiert ist, befindet sich die Datenbank auf einem Fileserver. Des Weiteren kommt auch noch diverse andere Software z.B. MS Office® und ein digitales Archivierungssystem zum Einsatz.

Matthias Gutt

2.2 Soll-Konzept

2.2.1 Vorstellung des Kundenauftrages

Ausgangssituation: Dieses Projekt beruht auf der Anfrage eines Kunden an den Ausbildungsbetrieb. Der Kunde, eine mittelgroße Gemeinschaftspraxis, wünschte, die täglichen administrativen Arbeitsabläufe und Schreibarbeiten durch eine Optimierung der bestehenden Softwareumgebung zu vereinfachen und zu beschleunigen. Hierbei standen vorrangig solche Arbeitsabläufe im Vordergrund, die mit EDV-gestützter Textverarbeitung verbunden sind. Die Textverarbeitung sollte mittels eines interaktiven Bildschirms, also eines Touchscreen-Monitors, stattfinden und die bestehende Software dementsprechend ergänzt werden. Konkret bestand der Auftrag nun darin, eine GUI zu entwickeln, die das Einfügen von Buchstaben, Textbausteinen und Textkörpern mittels einer grafischen Oberfläche ermöglicht. Das neu zu erstellende Dokumentationssystem sollte die Möglichkeit bieten anhand einer anatomischen Grafik, Dokumententexte in die Patientendokumentationssoftware sowie diverse andere Textverarbeitungen zu integrieren. Hierbei spielte sowohl ein ansprechendes Design als auch Softwareergonomie eine besondere Rolle. Da bisher keine derartige Softwarelösung mit den vom Kunden gewünschten besonderen Spezifikationen zur Verfügung stand, musste eine entsprechende Individuallösung entwickelt werden.

2.2.2 Integration einer ergonomischen GUI in die bestehende Softwareumgebung

Der Auftrag bestand nun darin, eine grafische Benutzeroberfläche (GUI) für Texteingaben in verschiedene Textverarbeitungssysteme zu entwickeln. Bei der Erstellung von Dokumentationstexten sollte die Möglichkeit bestehen, diese durch Anklicken grafischer Elemente auf einem Touchscreen-Monitor automatisiert in ein geöffnetes Fenster der Dokumentationssoftware oder anderer Applikationen einzufügen. Diese Elemente sollten grafisch geordnet, z. B. nach Körperregionen, vorliegen und deren Texte in einer Datenbank abgelegt werden (siehe hierzu auch die Anlage „Layout der Software" auf Seite 17). Die Datenbank sollte in einem bekannten und verbreiteten Datenbankformat realisiert werden und über ein Formular editiert werden können.

Hieraus resultierten folgende Teilaufgaben:

- Verfassen des Lastenheftes (Teil der Präsentation)
- Entwicklung einer geeigneten Datenbank-Struktur für die Dokumentationstexte
- Entwerfen von Datenbank-Eingabeformularen für den Benutzer
- Design einer grafischen Oberfläche zum Dokumentationsprogramm
- Einbinden der benötigten Programmfunktionen: Fensterzugriff, Dateianzeigefenster, Bildschirmtastatur
- Programmierung der Datenbankschnittstelle
- Programmverifikation
- Übergabe und Einweisung des Vor-Ort-Technikers

Der direkte Kundenkontakt findet über unsere kaufmännische Abteilung statt.

Die anschließende Installation und Übergabe beim Kunden erfolgt dann von dem technischen Vor-Ort-Service.

2.3 Umsetzung

2.3.1 Gedankliche Strukturierung des Projektes

Bei der nun folgenden Planung des Projektes standen diverse Techniken, wie z. B. Brainstorming oder etwa Mind-Mapping zur Verfügung. Die Entscheidung fiel auf die Technik des Mind-Mapping, um schon in der ersten Phase einen strukturierten Ansatz zu erhalten. Ausgangspunkt war dabei die Überlegung, dass der Kunde eine GUI zur medizinischen Dokumentation benötigt. Hierbei mussten verschiedene Aspekte und Unteraspekte berücksichtigt werden, wie z. B. Kunde, Betrieb, Entwicklungsumgebung, Zeitraumplanung und Informationen. Ein Ausdruck, der von mir erstellten Mind-Map, befindet sich in der Anlage auf Seite 15. Die Mind-Map gliedert sich, grob gesehen, in folgende Aspekte und Unteraspekte:

Tabelle 2

Kunde	Betrieb	Entwicklungsumgebung	Zeitraumplanung	Informationen
Auftrag	Auftragsplanung	Betriebssystem	Einschätzung	Fachliteratur
		• Windows®	• Zeitbedarf	
		• Linux		
Ist-Zustand	Ressourcen	Entwicklungsumgebung	Grobgliederung	Internet
• Hardware	• Hardware	• VB/VBA®	• Projektphasen	• Foren
• Software	(Server, APL)	• C++	• Milestones	• Kurse
• Betriebssystem	• Software	• Delphi®	• Netzplan	• Tutorials
(Windows®)	(OS, IDE,	• PASCAL		
	Tools)	• JAVA		
		• Assembler		
IT-Kenntnisse	Zeiteinteilung	Datenbanken		
		• MS Access®		
		• MySQL		
		• Oracle®		
		• Open Office Base		
		• Paradox®		

Tabelle 1: Gliederung der Mind-Map

2.3.2 Zeitlicher Verlauf des Projektes in Milestones

Das Projekt ist auf den Namen „BodyMap" getauft worden und es besteht aus den, in der folgenden Tabelle aufgelisteten, Milestones:

Tabelle 1

Milestones	Projektabschnitt	Zeitdauer	Zeitraum
I	Sammeln von Informationen zu MS PowerPoint®, MS Access® und MS VB 6.0®, MS VBA®, MS VB.NET® und weiteren Entwicklungsumgebungen	10 Std.	03.04. bis 05.04.2006
II	Verfassen des Lastenheftes nach Besprechung	4 Std.	05.04. bis
	Entwurf der Datenbankstruktur	2 Std.	07.04.2006
	Planungen zur Programmstruktur	<u>5 Std.</u>	
		11 Std.	
III	Erstellung der Datenbank	4 Std.	10.04. bis
	Design der grafischen Oberfläche des Programms	<u>6 Std.</u>	12.04.2006
		10 Std.	
IV	Einbinden der Fenster-Kontrollfunktionen	5 Std.	12.04. bis
	Einbinden der Dateifunktionen	<u>4 Std.</u>	13.04.2006
		9 Std.	
V	Entwicklung einer Bildschirmtastatur	5 Std.	18.04.2006 bis 21.04.2006
	Programmierung der Datenbankschnittstelle	<u>5 Std.</u>	
		10 Std.	
VI	Programmverifikation	5 Std.	24.04.2006
VII	Abnahme durch den Kunden und Schreiben der Dokumentation	10 Std.	27.04. bis 28.04.2006
Gesamt		**70 Std.**	

Tabelle 2: Projektverlauf in Milestones

2.3.3 Skizzierung des Projektauftrages mittels UML auf abstrakter Ebene

Vor der konkreten Umsetzung des Kundenauftrages in ein Programm hatte sich die Entwicklung zunächst für eine grobe Skizzierung der gestellten Anforderungen in der Modellsprache UML entschieden.

2.3.3.1 Use-Case-Diagramm

Das folgende Use-Case-Diagramm zeigt, in welcher Beziehung sich der Anwender, die zu erstellende Software und die bestehende Textverarbeitungssoftware vorgestellt werden können. Der Anwender und die Textverarbeitungssoftware stellen die Aktoren dar. Der Anwender kann über die dargestellten Anwendungsfälle verfügen, er kann z. B. eine anatomische Übersichtskarte des menschlichen Körpers aufrufen und Informationen zu den einzelnen Körperregionen ausgeben lassen. Dieser Anwendungsfall wird durch den Anwendungsfall „Texte einfügen" erweitert, mit dem es möglich ist, Texte in die ausgewählte Applikation einzubauen. Der Anwendungsfall „Bildschirmtastatur" beinhaltet bereits per se diese Funktion. Diese gedanklichen Ansätze wurden im weiteren Verlauf aus unterschiedlichen Perspektiven bewertet.

Matthias Gutt

4

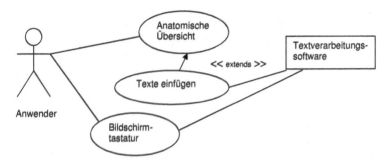

Abbildung 1: Use-Case-Diagramm (eigene Darstellung)

2.3.4 Skizzierung eines ER-Modells für die Datenbank

Aus den Überlegungen zur UML war deutlich geworden, dass eine Datenbank benötigt wird (siehe Anlage „Darstellung der Beziehung der Tabellen ‚tbl_association' und 'tbl_description'" auf Seite 15). Nun war zu entscheiden, wie diese Datenbank modelliert werden soll. Dazu ist eine nähere Analyse des vom Kunden bereits zugeschickten Datenmaterials erforderlich gewesen. Hierbei handelte es sich um medizinische Dokumentationstexte, die vom Kunden zur Verfügung gestellt worden waren. Diese sind bestimmten Körperregionen zugeordnet. Der nächste Schritt hatte in der Normalisierung der Daten bestanden. Zunächst sind die Daten in die 1. Normalform gebracht, d. h. atomisiert worden. Demnach besteht ein Datensatz aus den Attributsklassen Körperregion, Fachbegriff und Dokumentationstext, denen die Datenfeldbezeichnungen „bm_association", „bm_caption" und „bm_load" gegeben worden sind. Eine weitere Unterteilung/Atomisierung würde keinen Sinn ergeben. Im nächsten Schritt, also der Bildung der 2. Normalform, sind die Attributsklassen „bm_association" und „bm_caption" in der Tabelle „tbl_association" sowie „bm_caption" und „bm_load" in der Tabelle „tbl_description" zusammengefasst worden. „bm_caption" ist in der zweiten Tabelle der Primärschlüssel. Die Attributsklasse „bm_load" ist abhängig von der Attributsklasse „bm_caption". Somit stellt diese Tabelle eine Detailtabelle dar, während die erste Tabelle die Mastertabelle bildet. Hier tritt „bm_caption" als Fremdschlüssel auf. Weiterführende Normalisierungen wären nicht mehr sinnvoll gewesen.

Es folgt die Darstellung in einem ER-Modell:

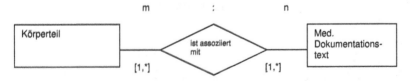

Abbildung 2: Entity Relationship-Diagramm der Anwendung (eigene Darstellung)

Das obige Modell ist wie folgt zu deuten: Die Entität Körperteil ist mit einer oder mehrerer Entitäten Med. Dokumentationstext assoziiert und ein solcher Text ist ebenfalls mit einem oder mehreren Körperteilen assoziiert. Dies wird durch die Beziehung m:n aufgezeigt. Die Kardinalitätsrestriktionen betragen auf beiden Seiten [1,*], was soviel heißt wie, dass sowohl ein Körperteil/Med. Dokumentationstext als auch beliebig viele existieren können. An folgendem Beispiel werden die Aussagen dieses ER-Modells deutlicher: Eine Erkrankung, z. B. eine Entzündung kann in verschiedenen Körperteilen vorkommen, aber in einem Körperteil können auch verschiedene Erkrankungen vorkommen, z. B. Entzündung, Abnutzung oder Infektion. Die Beziehungsstruktur in MS Access® ist in der Anlage aufgeführt.

2.3.5 Auswahl eines geeigneten Datenbankmanagement-Systems

Nach der Entwicklung eines geeigneten ER-Modells folgte die Auswahl eines passenden Datenbankmanagement-Systems. Dieses System müsste relationale Datenbanken unterstützen sowie ODBC-fähig sein. Auf Grund einer beim Kunden vorhandenen MS Office®-Installation hatte sich hierfür das Datenbankmanagement-System MS Access® angeboten.

2.3.6 Einsatz einer geeigneten Entwicklungsumgebung

Schließlich war die Auswahl einer geeigneten Entwicklungsumgebung zu treffen. Auf Grund der Anforderungen an einer grafischen Benutzeroberfläche schieden einfache prozedurale Programmiersprachen/Entwicklungsumgebungen aus. Die Entwicklung müsste in einem RAD erfolgen. Hiermit würde sich die Gestaltung einer interaktiven grafischen Oberfläche am besten realisieren lassen. Zunächst schien das MS Office®-Produkt PowerPoint® mit der integrierten Programmiersprache VBA® eine interessante Alternative zu sein, da es ja schon eine ganze Palette an interaktiven grafischen Elementen, die zudem noch in VBA® programmiert werden können, zur Verfügung stellt. Leider ließen sich in PowerPoint®-VBA® nicht alle Vorhaben in vollem Umfang realisieren. Deshalb fiel die Entscheidung auf VisualBASIC6®. Als Datenbankschnittstelle kommt die ADO 2.8 zur Anwendung. Im Gegensatz zu ihrer Vorgängerin DAO kennt sie alle gängigen Datenbankformate. Mit den ADO-Methoden lassen sich praktisch alle SQL-Befehle imitieren, so dass in vielen Fällen auf SQL-Queries verzichtet werden kann.

2.3.7 Skizzierung der Grundfunktionen in einem PAP

In folgendem Programmablaufplan werden die Grundfunktionen der Software grob umrissen. Kleinere Zwischenschritte wurden hierbei außer Betrachtung gelassen. Nach dem Start hat der Anwender die Auswahl zwischen den Funktionsbereichen 1, 2 und 3. Im Funktionsbereich 1 werden alle aktiven Fenster angezeigt und der Anwender kann eines davon als Zielfenster auswählen, welches programmintern gespeichert wird. Funktionsbereich 3 zeigt eine Bildschirmtastatur an und bietet somit die Möglichkeit, Texte über den Bildschirm einzugeben. Funktionsbereich 2 stellt schließlich eine grafische Oberfläche mit der Möglichkeit, Begriffe zu den einzelnen Körperregionen auszuwählen, dar. Nach der Auswahl eines solchen Begriffes bzw. Datensatzes wird der dazugehörige medizinische Dokumentationstext angezeigt und kann an das ausgewählte Fenster gesendet werden. Dieser Vorgang kann beliebig fortgesetzt oder abgebrochen werden.

Matthias Gutt

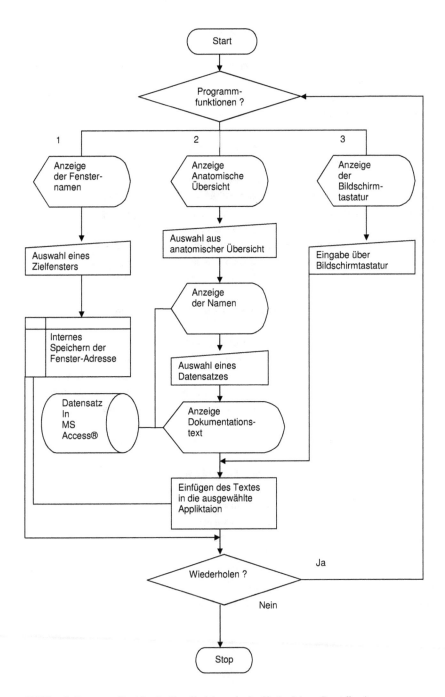

Abbildung 3: Programmablaufplan der Grundfunktionen der Applikation (eigene Darstellung)

2.3.8 Implementierung des Projektes

Nach der Erstellung des ER-Modells und des Programmablaufplanes (PAP) ist schließlich dazu übergegangen worden, die Entwürfe in die Tat umzusetzen. Mit Hilfe der bereits besprochenen Software-Werkzeuge MS Access® und MS VisualBASIC6® ist die Datenbank samt Eingabe-Formulare sowie die Applikation selbst erstellt worden.

2.3.8.1 Erstellen der Datenbank

Wie unter Punkt *2.3.4 Skizzierung eines ER-Modells für die Datenbank* auf den Seiten 5-6 besprochen, sind die Tabellen „tbl_description" und „tbl_association" in MS Access® entsprechend erstellt und verknüpft worden. Anschließend folgte das Designen des Eingabeformulars. Zur Feinjustierung der Formularfunktionen sind einige Makros in MS Visual BASIC for Applications®, im Folgenden VBA® genannt, programmiert worden. Das Formular steuert den Zugriff auf die Tabellen „tbl_description" und „tbl_associations". Es bietet neben den üblichen Funktionen zur Navigation in Datensätzen auch Funktionen zum Suchen, Einfügen und Löschen von Daten an.

2.3.8.2 Entwurf der grafischen Oberfläche der Software

Vor der Implementierung der Programmfunktionen ist unter Nutzung des VisualBASIC6® Formular-Editors und der eingebundenen Toolbox eine grafische Oberfläche für die GUI-Funktionen erstellt worden (siehe hierzu Anlage „Layout der Software" auf Seite 17). Hierbei standen der Bedienkomfort und die Angemessenheit der ausgewählten Steuerelemente im Vordergrund. Es folgt eine Beschreibung der Implementierung der wichtigsten Funktionen der Steuerelemente.

2.3.8.3 Funktion: Auswählen medizinischer Dokumentationstexte

Der größte Teil der grafischen Oberfläche der Software wird von einer anatomischen Skizze Leonardo da Vinci's eingenommen (siehe hierzu Anlage „Layout der Software" auf Seite 17). Die Übersicht des skizzierten menschlichen Körpers ist in verschiedene interaktive Schaltflächen eingeteilt. Wenn der Benutzer eine dieser Flächen anklickt bzw. berührt, werden am rechten Rand des Bildschirms in einer Listenansicht die mit diesem Körperteil assoziierten Namen der Dokumentationstexte angezeigt. Dies wird erreicht, indem das entsprechende Datenfeld der Tabelle „tbl_association" in einer Listenansicht eingelesen wird (siehe Listing 1 Function „FillListBox" in der Anlage auf Seite 19). Durch Auswählen eines solchen Namens wird der entsprechende Datensatz eingelesen und der dazugehörige Dokumentationstext in einem editierbaren Textfeld der Anwendung dargestellt.

2.3.8.4 Funktion (Schaltfläche): MCS-ISYNET® auswählen

Mit Betätigen der Schaltfläche für MCS-ISYNET® wird eine Suchfunktion gestartet, die im System nach aktuell geöffneten MCS-ISYNET®-Fenstern sucht (siehe hierzu Anlage „Layout der Software" auf Seite 17). Wird ein solches Fenster gefunden, so wird es programmintern als Zielfenster ausgewählt und der Name von MCS-ISYNET® anstelle des Wortes „Applikation" in der blauen Schaltfläche angezeigt. Von nun an ist das MCS-ISYNET®-Fenster das Zielfenster, d. h. alle ausgewählten medizinischen Dokumentationstexte können an dieses Fenster gesendet werden. Sollte MCS-ISYNET® nicht gefunden werden, da die Anwendung nicht gestartet worden ist, wird der Benutzer über ein Nachrichtenfenster auf diesen Umstand hingewiesen und gebeten, die Patientenverwaltungssoftware zu starten.

2.3.8.5 Funktion (Schaltfläche): Auswahl einer anderen Applikation

Durch Berühren bzw. Anklicken der Schaltfläche „Fenster " wird eine weitere Listenansicht geöffnet, in der alle aktiven geöffneten Programmfenster angezeigt werden (siehe hierzu Anlage „Auswahl des Eingabefensters" auf Seite 17). Diese Funktion ermöglicht, dass der Anwender die Texte auch einer anderen Anwendung übermitteln kann. Es werden die Namen aller Fenster ausgegeben. Die Auswahl eines Programmfensters bewirkt, dass sich die Applikation dieses Fenster nun als Zielfenster merkt, was dadurch deutlich wird, dass der Name des Fensters auf einer weiteren Schaltfläche angezeigt wird. Jetzt kann der Inhalt der umfangreichen medizinischen Dokumentationstexte aus der GUI-Anwendung an das Fenster der ausgewählten Applikation gesendet werden.

2.3.8.6 Funktion (Schaltfläche): Applikationsfenster anzeigen

Betätigt der Anwender die blaue Schaltfläche „Applikation", so wird das von der Software „gemerkte" Fenster aktualisiert und in den Bildschirmvordergrund gebracht (siehe hierzu Anlage „Layout der Software" auf Seite 17). Sollte der Anwender zuvor noch kein Fenster ausgewählt haben, was daran zu erkennen ist, dass in der Schaltfläche nur das Wort „Applikation" steht, so wird automatisch in die Fensterauswahlroutine verzweigt. Dies gilt auch für den Fall, dass das ausgewählte Fenster bereits geschlossen ist.

2.3.8.7 Funktion (Schaltfläche): Medizinischen Dokumentationstext übermitteln

Die grüne Schaltfläche mit der Aufschrift „Übermitteln" schickt den ausgewählten Medizinischen Dokumentationstext an das ausgewählte Anwendungsfenster (siehe hierzu Anlage „Layout der Software" auf Seite 17). Sollte dieses bereits geschlossen oder noch keines ausgewählt worden sein, wird automatisch in die Fensterauswahlroutine gesprungen.

2.3.8.8 Funktion (Schaltfläche): Bildschirmtastatur

Zur Unterstützung der touchscreen-basierten Eingaben mittels einer grafischen Oberfläche ist in der Anwendung noch eine Bildschirmtastatur integriert (siehe hierzu Anlage „Die integrierte Bildschirmtastatur" auf Seite 18). Diese stellt drei Modi bereit: „Großschreibung", „Kleinschreibung", „Ziffern und Sonstige". Durch Anklicken bzw. Berühren der Bildschirmtasten werden die entsprechenden Buchstaben/Ziffern/Sonderzeichen in das editierbare Textfeld eingetragen. Somit können bestehende Texte ergänzt oder neue zusammengestellt werden.

2.3.8.9 Funktion (Schaltfläche): Datenbank

Die Software sucht nach einer Datenbank „Fachtermini.mdb" im selben Verzeichnis, in dem sich das Programm befindet (siehe hierzu Anlage „Auswahl der Datenbank" auf Seite 18). Der Systemadministrator kann aber auch durch Betätigen der Schaltfläche „Datenbank" ein Datei-Fenster öffnen, in welchem er in allen vorhandenen Verzeichnissen nach weiteren Datenbanken suchen und diese dann auswählen kann. Wenn die Datenbanken keine geeigneten Daten beinhalten, gibt das Programm eine Fehlermeldung aus und kehrt in das Datei-Fenster zurück.

2.3.9 Notwendigkeit einer Installationsroutine

Diese interaktive Benutzeroberfläche benötigt die Plattform Microsoft Windows® ab der Version Windows 98®. Dieses Betriebssystem muss die Datenbank-Komponente MDAC_TYP und die VisualBASIC6® Service Pack 6-Komponente enthalten. Außerdem muss das ausführbare Programm und die Datenbank in einen gemeinsamen Ordner kopiert sowie ein Eintrag in die Windows®-Registrierungsdatenbank vorgenommen werden. Daher ist mittels des VisualBASIC6®-Assistenten eine Installationsroutine entwickelt worden.

2.3.10 Programmverifikation

Die Programmverifikation vom 24.04.2006 hat folgende Testergebnisse geliefert:

Tabelle 3

Funktion	Testfall	Erwartung	Ergebnis
Schaltfläche: MCS-ISYNET®.	Aufruf der Funktion, ohne MCS-ISYNET® zu starten.	Hinweis an den Benutzer, dass MCS-ISYNET® nicht aktiv ist.	Richtig.
Schaltfläche: MCS-ISYNET®.	Aufruf der Funktion bei gestartetem MCS-ISYNET®.	MCS-ISYNET® als Zielfenster eintragen.	Falsch. Die API-Funktion FindWindow () kann nur nach übereinstimmenden Namen suchen, nicht aber nach ähnlichen Fenster-namen. Eigene Funktion implementiert*. Folgender Test erfolgreich.
Schaltfläche: Fenster.	Aufruf der Fensteranzeige mit Auswahl.	Fenster in Listenansicht anklickbar.	Richtig.
Schaltfläche: Applikation.	Aufruf der Anzeigefunktion.	Ausgewähltes Zielfenster in den Vordergrund bringen.	Richtig.

Funktion	Testfall	Erwartung	Ergebnis
Schaltfläche: Übermitteln.	Aufruf der Übermittlungsfunktion.	Text dem Zielfenster übermitteln.	Richtig.
Schaltfläche: Bildschirmtastatur.	Eingabe kleinerer Texte.	Anzeige der Texte im Textfeld (Vorschau).	Richtig.
Interaktive anatomische Übersicht.	Auswahl einzelner Bereiche aus anatomischer Übersicht.	Anzeige der Namen der Dokumentations- texte i. d. Listenansicht.	Richtig.

Tabelle 3: Verlauf der Programmverifikation

* Die implementierte Funktion (Listing 2b) samt aufrufender Funktion (Listing 2a) ist im Anhang dargestellt.

2.3.11 Installation vor Ort

Die Installation dieser Software erfolgte durch einen unserer Mitarbeiter des technischen Service-Bereichs beim Kunden vor Ort. Dabei wurde unter Einsatz der Installationsroutine die Software auf allen Arbeitsplatzrechnern, auf denen die Patientenverwaltungssoftware häufig zum Einsatz kommt, eingerichtet. Nach kurzer Anleitung waren die Mitarbeiter in der Lage, die Software einzusetzen.

2.3.12 Ökonomische Bewertung des Projektes für den Kunden
2.3.12.1 Monatliche Gehaltskosten

Der betriebswirtschaftliche Erfolg des Projektes war mit der Frage verbunden, in wie weit durch den Einsatz dieser Software eine Kostensenkung in der entsprechenden Kostenstelle der Gemeinschaftspraxis erreicht werden konnte. Hierzu musste das innerbetriebliche Stundengehalt der angestellten Ärzte und Ärztinnen auf Basis der notwendigen Daten aus der betrieblichen Buchführung des Kunden ermittelt werden. Diese Daten konnten uns vom Kunden nur im Groben zur Verfügung gestellt werden:

Tabelle 4

Monatsbrutto	Anteil	6.250,10 €
Anteil Weihnachtsgeld	1/12 Weihnachtsgeld	520,84 €
Anteil Urlaubsgeld	1/12 Urlaubsgeld	520,84 €
Monatsbruttogehalt mit Sonderzahlung		7.291,78 €
Rentenversicherung	Arbeitgeberanteil 9,75 %	609,38 €
Krankenversicherung	Arbeitgeberanteil 7,45 %	465,63 €
Arbeitslosenversicherung	Arbeitgeberanteil 3,25 %	203,13 €
Pflegeversicherung	Arbeitgeberanteil 0,85 %	53,13 €
Vermögenswirksame Leistungen		26,60 €
Beiträge zur Berufsgenossenschaft	1/12 von 1 % Jahresbrutto	72,92 €
Monatliche Gehaltskosten pro Mitarbeiter		8.722,57 €

Tabelle 4 1: Zusammensetzung des Gehalts

Matthias Gutt

Bei den Beitragssätzen handelt es sich lediglich um gemittelte Werte der unterschiedlichen Gehaltsempfänger(innen). Die Berechnung hatte monatliche Gehaltskosten i. H. v. **8.722,57 EUR** ergeben.

2.3.12.2 Monatliche Arbeitsstunden

Die ermittelten monatlichen Gehaltskosten in dieser Kostenstelle mussten aber noch auf die Arbeitsstunden verteilt werden, um das innerbetriebliche Stundengehalt zu erhalten. Hierzu war zunächst eine Berechnung der monatlichen Arbeitszeit nötig:

Tabelle 5

Tage im Jahr	365
- Samstage und Sonntage	104
- Feiertage	10
- Urlaubstage	24
- Ausfalltage durch Krankheit gemäß Statistischem Bundesamt	10
= Arbeitstage	217

Tabelle 5: Arbeitstage im Jahr

217 Tage / 12 Monate = 18,08 Tage/Monat * 8 Stunden = 144,67 Stunden/Monat.
Die Berechnung hatte eine durchschnittliche monatliche Arbeitszeit von 144,67 Stunden ergeben.

2.3.12.3 Kosten pro Mitarbeiter

Aus der Ermittlung der monatlichen Gehaltskosten und der monatlichen Arbeitszeit folgt:

Monatliche Kosten	8.722,57 €	= 60,29 €/Std.
Monatliche Arbeitsstunden	144,67 Stunden	

Eine Mitarbeiter(innen)stunde kostet also **60,29 EUR**.

2.3.12.4 Verteilung der Gemeinkosten

Im nächsten Schritt müssen noch die Gemeinkosten gemäß Kundenangaben betrachtet werden:
Die kalkulatorischen Mietkosten liegen monatlich bei ca. 6.000,00 EUR für 10 Personen, pro Person ergibt sich somit eine monatliche Miete in Höhe von 600,00 EUR. Pro Stunde fallen demnach 600,00 € / 144,67 Stunden = 4,15 €/Stunde Mietkosten pro Mitarbeiter an. Die Bürobetriebskosten (Strom, Heizung, Wasser, Reinigung) fließen in den Stundensatz mit ca. 3,50 EUR ein. Die Abschreibungskosten für eingesetzte Hard- und Software werden mit ca. 2,00 EUR pro Stunde veranschlagt.
Somit ergibt sich ein Stundensatz von 60,29 € + 4,15 € + 3,50 € + 2,00 € = **69,94 EUR** pro Mitarbeiter.

2.3.12.5 Einsparung pro Monat

Durch den Einsatz der erstellten Software kann die Dauer der Schreibarbeiten nach Einschätzung des Kunden um schätzungsweise 50 % verkürzt werden. Bei einem Stundensatz von 69,94 EUR pro angestellte(m) Ärzte/Ärztinnen und 144,67 Stunden Arbeitszeit pro Monat, wovon wiederum schätzungsweise 25 % Schreibarbeiten anfallen, ergibt sich ein Einspareffekt i. H. v.:

69,94 EUR/Stunde *144,67 Stunden * 25% * 50% = **1.264,78 EUR** pro angestellte(m/r) Arzt/Ärztin.

Dieser gilt für drei alle drei Mitarbeiter(innen). Des Weiteren fallen noch Kosten für eine externe Schreibkraft an, welche sich nach Angaben des Kunden auf 10,- EUR pro Brief belaufen. Da im Monat ca. 60 Briefe von der Schreibkraft erstellt werden, entfallen Kosten i. H. v. 60*10,00 € = 600,00 EUR pro Monat. Daraus resultiert folgendes monatliche Einsparpotential:

1.264,78 € * 3 = 3.794,33 €
<u>+   600,00 €</u>
= 4.394,33 €

Mit einem angesetzten Verkaufspreis für die Software von 300,00 EUR je Lizenz, bei 3 Lizenzen also 900,00 EUR, und eingesparten Kosten i. H. v. **4.394,33 EUR** hat sich die Software innerhalb eines Monats bereits amortisiert.

3 Projektverlauf

Der Projektverlauf entsprach weitestgehend den Planungen aus *2.3.2 Zeitlicher Verlauf des Projektes in Milestones* von Seite 4. In folgenden Punkten gab es Abweichungen:

Milestone III (10.04.-12.04.06):
Der Kunde hat das Datenbank-Eingabeformular als zu unübersichtlich und unpräzise empfunden. Daraufhin sind zwei übersichtlichere Eingabeformulare erstellt worden. Mit dem Eingabeformular „Schlüsselwörter" werden die Medizinischen Dokumentationstexte verwaltet und mit dem Eingabeformular „Verknüpfungen" die Beziehungen zu den Körperregionen geordnet. Die Formulare sind in der Anlage auf Seite 16 dargestellt. Außerdem ist die grafische Oberfläche noch einmal überarbeitet worden.

Milestone V (18.04.-21.04.06):
Auf Wunsch des Kunden ist die Bildschirmtastatur noch dahingehend überarbeitet worden, dass die Tasten jetzt größer und die Tastatur jetzt zweizeilig ist. Außerdem ist eine Korrekturtaste in die Bildschirmtastatur und eine Löschtaste für das Vorschau-Textfeld eingefügt worden. Eine weitere Implementierung war die Funktionstastenabfrage (siehe Listing 3 in der Anlage auf Seite 19/20).

Die einzelnen Milestones konnten jedoch innerhalb der Projektzeit abgeschlossen werden.

Die Abnahme der Applikation durch den Kunden erfolgte seitens der kaufmännischen Abteilung.

4 Schlussbemerkungen

Der ursprünglich geplante MS Office®-Ansatz ist, bis auf die Einbindung einer MS Access®-Datenbank, wieder verworfen worden, da der Funktionsumfang und die Möglichkeiten von MS PowerPoint® VBA® zuvor anders eingeschätzt worden waren.

Ein weiterer Grund, von MS PowerPoint® Abstand zu nehmen, war, dass im Vollbildmodus keine Task-Leiste mehr verfügbar ist, was der Kunde als störend empfand.

Von betrieblicher Seite ist eine Veröffentlichung des vollständigen Quelltextes im Anhang aus Wettbewerbsgründen nicht erwünscht gewesen. Daher finden sich dort nur einige Auszüge bzw. Funktionen.

Das Lastenheft und die Anwenderdokumentation werden in der Präsentation vorgestellt.

5 Anhang

Skizzierung erster Überlegungen in Form einer Mind-Map:

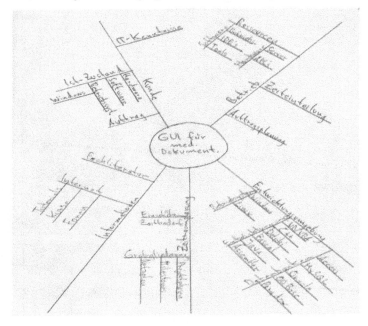

Darstellung der Beziehung der Tabellen „tbl_association" und „tbl_description":

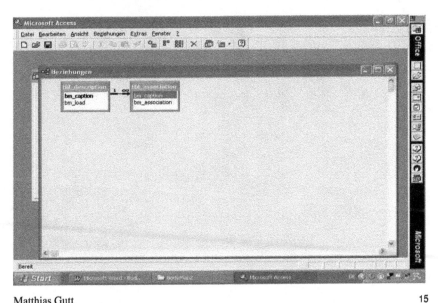

Matthias Gutt

Das Datenbank-Eingabeformular „Schlüsselwörter":

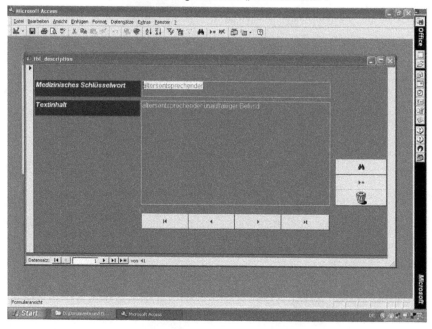

Das Datenbank-Eingabeformular „Verknüpfungen":

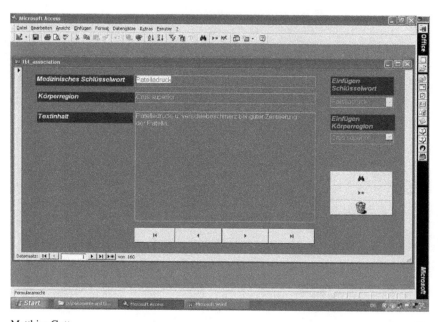

Matthias Gutt

Das Layout der Software:

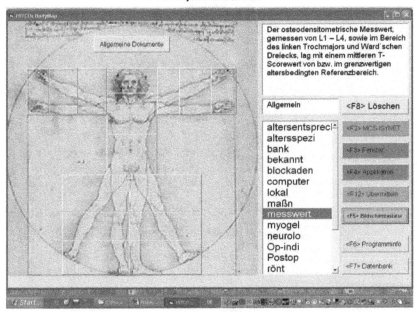

Auswahl des Eingabefensters:

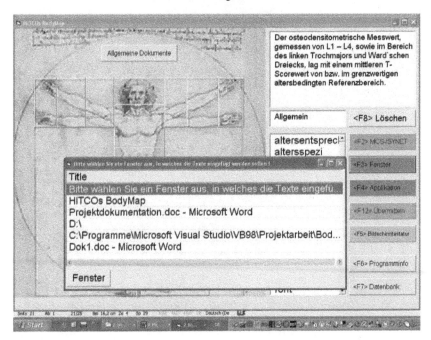

Die integrierte Bildschirmtastatur:

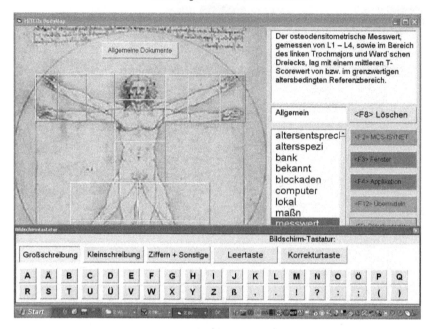

Auswahl der Datenbank:

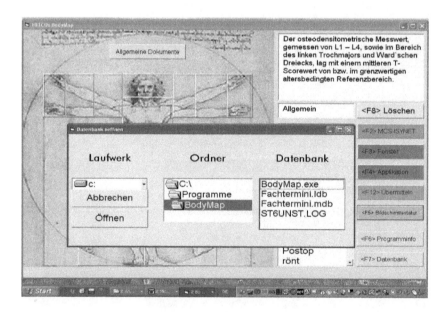

Listing 1

```
' ComboBox mit Recordset fuellen
' Inhalt des Datenfeldes bm_caption in die ListBox lbxBodyParts schreiben
' Rs -> Zeiger auf Recordset
' Rueckgabe per bool, ob Aktion erfolgreich

Public Function FillListBox(ByRef Rs As ADODB.Recordset) As Boolean
   Dim bmcaption   As String
   With BodyMap.lbxBodyParts
      Call .Clear
      If (Rs.RecordCount = 0) Then
         FillListBox = False
         Exit Function
      End If
      Call Rs.MoveFirst
      Do While (Not (Rs.EOF))
         bmcaption = Rs.Fields("bm_caption").Value
         Call .AddItem(bmcaption)
         Call Rs.MoveNext
      Loop
   End With
   FillListBox = True
End Function
```

Listing 2a

```
'ISYNET-Fenster suchen
'FindWin mit linkem Namensteil des zu suchenden Fensters und Anzahl der Buchstaben aufrufen
'WinHandle liefert Fenster-Handle von MCS-ISYNET bei Erfolg oder 0 bei Misserfolg zurueck

Private Sub cmdISYNET_Click()
   WinHandle = FindWin("MCS - ISYNET", 12)
   If WinHandle <> 0 Then
      BodyMap.apphWnd = WinHandle
      BodyMap.cmdAppl.Caption = "MCS - ISYNET"
   Else
      MsgBox ("Bitte MCS - ISYNET starten ! Patient auswählen und Textverarbeitung öffnen !")
   End If
End Sub
```

Listing 2b

```
' Suche nach Fenster mit best Namen
' Function erwartet in WinName linken Namensanteil als String und
' in WinNameLength dessen Laenge in Buchstaben als Integer
' Bei Uebereinstimmung Rueckgabe des gefundenen Fenster-Handles an aufrufende Sub
' ansonsten 0

Public Function FindWin(WinName As String, WinNameLength As Integer) As Long
   Dim hWnd As Long
   Dim WinTitle As String

   hWnd = GetWindow(BodyMap.hWnd, GW_HWNDFIRST)
   Do
      WinTitle = GetWindowTitle(hWnd)
      If Left(WinTitle, WinNameLength) = WinName Then
         FindWin = hWnd
```

Matthias Gutt

```
        Exit Function
    End If
    hWnd = GetWindow(hWnd, GW_HWNDNEXT)
Loop Until hWnd = 0
FindWin = 0
End Function
```

Listing 3

```
' Tastaturereignisse auswerten
' Auswerten von Tastatureingaben bei aktivem BodyMap-Fenster
' Tastencode in Variable KeyCode
' Shifttaste in Variable Shift

Private Sub Form_KeyDown(KeyCode As Integer, Shift As Integer)
    Select Case KeyCode
        Case 113
        Call cmdISYNET_Click
        Case 114
        Call cmdShowTasks_Click
        Case 115
        Call cmdAppl_Click
        Case 116
        Call cmdShowKeyboard_Click
        Case 117
        Call cmdInfo_Click
        Case 118
        Call cmdFindDatabase_Click
        Case 119
        Call cmddelete_Click

        Case 123
        Call cmdSend_Click
        Case Else
    End Select
End Sub
```

6 Literaturverzeichnis

1. **Halvorson, Michael (1998).** Microsoft Visual Basic 6.0. Schritt für Schritt. Microsoft Press Deutschland. Unterschleißheim.

2. **Petzold, Charles (2000).** Windows-Programmierung. 5. Auflage. Das Entwicklerhandbuch zur Win32-API. Microsoft Press Deutschland. Unterschleißheim.

3. **Seelhofer, Martin (2003).** Microsoft Office Programmierung & Visual Basic for Applications. 1 Auflage. SmartBooks Publishing AG. Kösel, Kempten.

7 Glossar

ADO

(*engl. Active Data Objects* Aktive Datenobjekte) Die ADO ist eine Datenbankschnittstelle für VisualBASIC® und VisualBASIC for Applications®. Hierüber kann bequem mittels integrierter Methoden auf die einzelnen Datensätze zugegriffen werden. Sie stellt eine Neuerung gegenüber der DAO dar.

atomisiert

Unter atomisieren (*lat. atomus* das Unteilbare) versteht man in der Datenverarbeitung das Aufteilen der Daten in ihre einzelnen Bestandteile, die zueinander in Beziehung stehen können.

Attributsklassen

Die Attributsklassen werden auch als Datenfelder betitelt. Diese werden durch die Spalten einer Datenbank-Tabelle abgebildet. Sie enthalten die Attributswerte der einzelnen Datensätze.

Brainstorming

Brainstorming (abgeleitet von *engl. using the brain to storm a problem* das Gehirn nutzen, um ein Problem zu erstürmen.) ist eine Technik aus dem Bereich der Projektplanung, die noch in den ersten Phasen eines Projektes angewendet wird. Zunächst werden alle spontanen Gedanken zu einem Thema ungefiltert zu Papier gebracht und gesammelt. Im Anschluss erfolgt eine systematische Auswertung dieser Gedanken auf brauchbare Inhalte hin.

DAO

(*engl. Data Access Objects* Datenzugriffsobjekte). Die DAO ist eine Datenbankschnittstelle für VisualBASIC® und VisualBASIC for Applications®. Sie stellt die Vorgängerin der ADO dar.

Datenfeld

ist lediglich eine andere Bezeichnung für Attributklassen.

Matthias Gutt   21

Dateninkonsistenz

Ist eine Folge von Datenredundanz. Dieser Zustand ist dadurch gekennzeichnet, dass gleiche Daten mit unterschiedlichen Informationen mehrfach in einer Tabelle vorkommen. Da dann nicht mehr klar ist, welche Daten korrekt sind, ist die Folge de facto Datenverlust.

Datenredundanzen

Dieser Begriff aus der elektronischen Datenverarbeitung bezeichnet den Umstand, dass die gleichen Daten in unterschiedlichen Tabellen vorkommen, wodurch sie redundant (*lat. redundare* im Überfluss vorhanden sein) sind. Dadurch wird unnötig Speicherplatz belegt und bei Änderungen müssen diese an mehreren Stellen gleichzeitig durchgeführt werden. Geschieht dies nicht, resultieren hieraus Dateninkonsistenzen.

Datensatz

Ein Datensatz wird auch als Datentupel bezeichnet. Er repräsentiert einen Eintrag bzw. eine Zeile in einer Datenbank-Tabelle. Diese Zeile ist in einzelne Abschnitte aufgeteilt, die den Spalten zugeordnet sind, die wiederum die Attributsklassen bilden.

Detailtabelle

Ist eine Tabelle in der einem Primärschlüssel eine oder mehrere Attributsklassen zugeordnet sind.

ER-Modell

Mit einem Entity Relationship-Modell (*engl. entity relationship* Entitäten-Beziehungen) werden die Beziehungen der einzelnen Tabellen einer Relationalen Datenbank abgebildet. Es handelt sich hierbei um eine Modellsprache zum entwerfen von Datenbanken. In den rechteckigen Kästen werden die Entitäten abgebildet und in der Raute die jeweiligen Beziehungen der Entitäten. Die über den Rauten stehenden Zeichen geben die Kardinalitäten an.

Fileserver

Ein Fileserver ist ein in einem Netzwerk eingebundener Computer, der anderen APL bzw. Client-Computern seine Ressourcen, also seinen Festplattenspeicherplatz, zur Verfügung stellt. Damit wird eine Entlastung der Client-Rechner erreicht, die Daten werden vor plötzlichem Verlust geschützt und evtl. anderen Benutzern zu Verfügung gestellt.

Fremdschlüssel

Dieser Schlüssel wird in der Detailtabelle als Primärschlüssel und in der Mastertabelle als Fremdschlüssel bezeichnet.

GUI

(*engl. Graphic User Interface* Grafische Benutzerschnittstelle) Eine Schnittstelle, die zwischen einem Anwender und einer Software oder Hardware vermittelt. Die GUI hat dabei die Aufgabe, die Bedienung solcher Komponenten zu vereinfachen und zu beschleunigen.

Matthias Gutt

IDE

IDE (engl. *Integrated Development Environment* Integrierte Entwicklungsumgebung) Zu einer IDE zählen neben dem Compiler, Debugger, Editor, Linker und der Inline-Hilfe heutzutage oft noch diverse weitere Teilprogramme, die eine bequeme und schnelle Entwicklung von Software ermöglichen.

Kardinalitätsrestriktion

Hierunter werden Maximal- bzw. Minimal-Angaben für Beziehungen in ER-Modellen verstanden. Bestünde zwischen Mitarbeiter und Projekt die Beziehung m:n und hätte der Mitarbeiter die Kardinalitätsrestriktion [1,*], so würde dies bedeuten, dass an einem Projekt ein oder beliebig viele Mitarbeiter teilnehmen könnten.

Leonardo da Vinci

Leonardo da Vinci (* 15. April 1452 in Anchiano bei Vinci; † 2. Mai 1519 auf Schloss Clos Lucé, Amboise) war ein bedeutender Naturphilosoph und Universalgenie, der sich u. a. intensiv mit Medizin und Anatomie beschäftigt hatte.

Mastertabelle

Eine Tabelle, in der ein Fremdschlüssel auf weitere Attribute in einer Detailtabelle verweist.

Milestones

Milestones (engl. *milestones* Meilensteine) stellen einzelne Phasen im Verlauf eines Projektes dar. Ein Projekt wird in verschiedene etwa gleichgroße Abschnitte eingeteilt, die in einem logischen Zusammenhang stehen. Der Zeitpunkt des Abschlusses eines Projektabschnittes wird verbindlich festgelegt und überwacht.

Mind-Mapping

Mind-Mapping (engl. *Mind-Mapping* Gedanken-Kartografierung) stellt eine Technik auf dem Gebiet der Projektplanung dar, die zu Beginn eines Projektes Anwendung findet. Hierbei wird das Hauptanliegen in eine Ellipse auf einem Blatt Papier geschrieben und alle assoziierten Themen werden als Äste bzw. Linien mit der Ellipse verbunden. Unterthemen werden in Verzweigungen dargestellt. Es sollten möglichst knappe und prägnante Begriffe in Blockschrift verwendet werden.

Netzplan

Ziel eines Netzplanes ist es, die zeitliche Abfolge verschiedener Arbeitsprozesse eines Projektes optimal zu koordinieren. Durch die Ermittlung unabhängig bzw. parallel ausführbarer Arbeitsprozesse und die Berechnung von Zeitpuffern werden die einzelnen Arbeitsschritte effizient aufeinander abgestimmt und das Projekt wird zeitlich gestrafft. Die Darstellung erfolgt im Diagrammstil.

Normalisierung

Unter der Normalisierung von Daten versteht man bis zu 6 mögliche Stufen der Anordnung von Daten in Tabellen. Ziel ist es Datenredundanzen und Dateninkonsistenzen zu vermeiden.

ODBC

ODBC steht für Open Database Connectivity und beschreibt einen bestimmten Standard, der u. a. die Datenabfragesprache SQL, welche für Structured Query Language, also strukturierte Abfragesprache, steht, beinhaltet.

Primärschlüssel

Hierbei handelt es sich um eine Attributsklasse, von der andere abhängig sind. D. h. die anderen Attributsklassen sind an den Primärschlüssel gebunden und brauchen nur noch in einer Tabelle aufgeführt zu werden. Damit werden Datenredundanzen und Dateninkonsistenzen vermieden.

RAD

RAD (engl. Rapid Application Development schnelle Anwendungsentwicklung) bezeichnet eine Gruppe von Entwicklungsumgebungen, die über eine visuelle Programmierumgebung, objektorientierte Techniken und meistens auch Klassenbibliotheken verfügen. Hierdurch werden Entwicklungszeit und –kosten deutlich reduziert. Bekannte Produkte sind MS VisualBASIC 6®, MS Visual C++ 6®, MS VB.NET®, MS C#®, Borland Delphi®, eclipse u. a.

Relationale Datenbank

ist eine tabellarisch aufgebaute Datenbank, deren einzelne Datengruppen (Tabellen) in Beziehung zueinander gesetzt werden können.

PAP

Steht als Abkürzung für Programmablaufplan, auch bekannt als Flussdiagramm. In einem solchen Diagrammtyp steht eine Reihe von standardisierten Symbolen zur Verfügung, die den logischen Ablauf/Fluss eines Programms skizzieren. Die Symbole werden mit knappen, eindeutigen Texten beschriftet und miteinander verbunden. Die Pfeilrichtung der Verbindungen zeigt dabei den logischen Fluss an.

Softwareergonomie

Hierunter wird eine anwenderfreundliche Gestaltung der Software verstanden. Ergonomische Software orientiert sich an üblichen Standards, die sich in der Computerwelt bewährt haben bzw. Ergebnis wissenschaftlicher Untersuchungen sind. Eine ergonomische Gestaltung der Software ist mitentscheidend für deren Akzeptanz beim Anwender.

UML

UML (engl. Unified Modeling Language Vereinheitlichte Modellierungssprache) ist eine standardisierte Modellsprache, die in frühen Phasen der Softwareentwicklung zum Einsatz

Matthias Gutt

kommt. Zu diesem Zeitpunkt sind i. d. R. noch keine Entscheidungen über die zum Einsatz kommende Programmiersprache und dem Aufbau der Software getroffen. Mittels UML soll eine erste abstrakte Annäherung an die Lösung des Problems gewagt werden.

Use-Case-Diagramm

Ein solches Diagramm stellt die Beziehungen zwischen den einzelnen Akteuren, im Folgenden Aktor genannt, und den Anwendungsfällen dar. Ein Aktor wird durch eine Figur dargestellt, wenn es sich um eine Person handelt. Im Falle anderer Entitäten, wie z. B. Computerprogrammen, wird ein Aktor durch ein Rechteck dargestellt. Die einzelnen Anwendungsfälle werden in Ellipsen knapp und zutreffend charakterisiert. Die Beziehungen zwischen den Aktoren und Anwendungsfällen werden durch einfache Linien dargestellt. Wenn ein Anwendungsfall einen anderen erweitert, also eine Zusatzfunktion anbietet, wird dies durch das Schlüsselwort << extends >> und einem gerichteten Pfeil angegeben. Baut ein Anwendungsfall hingegen auf einen weiteren auf, wird das Schlüsselwort << uses >> verwendet.

www.ingramcontent.com/pod-product-compliance
Lightning Source LLC
La Vergne TN
LVHW042310060326
832902LV00009B/1395